MÉTODO SONHADORA

TEÓRICO • PRÁTICO • Sem Mestre
P. E. AMSCO

Nº Cat.: 32-M

Irmãos Vitale S.A. Indústria e Comércio
www.vitale.com.br
Rua França Pinto, 42   Vila Mariana   São Paulo   SP
CEP: 04016-000 Tel.: 11 5081-9499 Fax: 11 5574-7388

© Copyright 1942 by Irmãos Vitale S.A. Ind. e Com. - São Paulo - Brasil
Todos os direitos autorais reservados para todos os países. *All rights reserved.*

Dados Internacionais de Catalogação na Publicação (CIP)
(Câmara Brasileira do Livro, SP, Brasil)

Amsco, P.E.
    Sonhadora : método, teórico, prático (sem mestre) para gaita / de P.E. Amsco. -- São Paulo : Irmãos Vitale.

1. Gaita - Música - Métodos 2. Gaita - Estudo e ensino I. Título.

ISBN 85-85188-51-0
ISBN 978-85-85188-51-1

97-1792   CDD- 788.4907

Indices para catálogo sistemático:

1. Método de ensino para gaita : Música   788.4907

A Gaita

A gaita é um instrumento muito simples. Dos diversos tipos existentes o mais comum é o de orifícios simples, no qual cada tom é tocado, isoladamente, em um único orifício.

(Fig. 1) — Gaita de orifícios simples

A gaita de orifícios duplos, também é bastante usada, em que cada tom é dado, simultaneamente, em dois orifícios, um dos quais emite um som grave, porém fraco, de modo que, ao vibrarem ambos, se obtem um efeito de *trêmolo*.

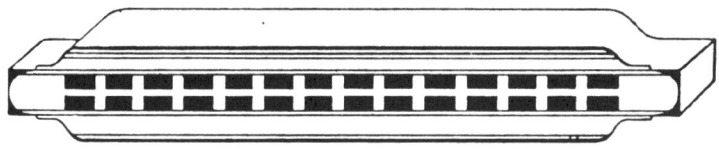

(Fig. 2) — Gaita de orifícios duplos

Apesar da gaita ser um instrumento iminentemente "auditivo", isto é, que tem sido tocado sempre de "ouvido", muitas partituras, contudo, têm sido criadas para a execução de novas melodias para o instrumento.

COMO MANEJAR A GAITA

O principiante deverá habituar-se, desde o início, a suster a **gaita** firmemente na mão esquerda, tendo o baixo, isto é, a parte das notas **graves**, voltado para a esquerda, e, principalmente, habituar-se com a localização das notas no instrumento, de maneira a ser capaz de mudar com facilidade de uma à outra nota, sem ser compelido a procurar a nota antes de executá-la.

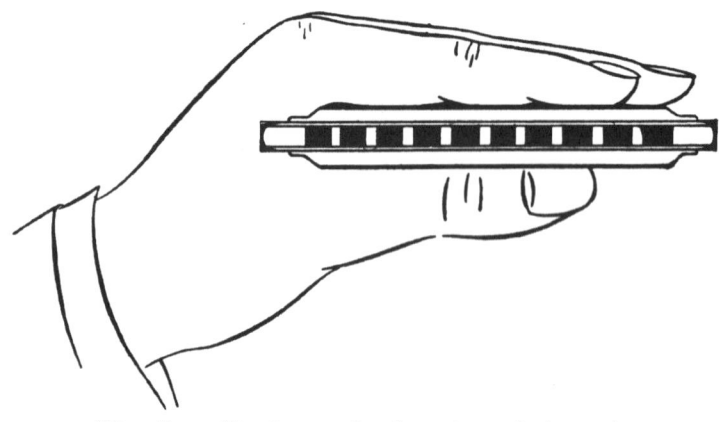

(Fig. 3) — Maneira corréta de suster o instrumento

ORIFÍCIOS

A fim de atender com justeza às contínuas referências sobre as notas da gaita e a correspondência dos respiradoiros — é de toda a conveniência para o aluno numerar os orifícios da sua gaita, de acordo com a figura n.º 4.

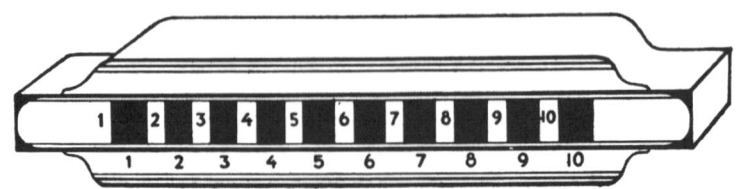

(Fig. 4) — Numeração dos orifícios na gaita (a partir das notas graves, à esquerda)

Para compreensão mais simples e imediata do assunto, abordamos neste volume somente o tipo da gaita de orifícios simples. A técnica de todos os outros tipos de gaita é, porém, a mesma, e as instruções que se seguem podem ser aplicadas a qualquer um deles.

PARA OBTER NOTAS SIMPLES NA GAITA

Evidentemente, desde o início, o principiante deverá obter as notas simples na gaita, sem dificuldade alguma. Para tanto, os lábios cobrirão mais do que um orifício, e, assim, quando o ar for aspirado ou soprado livremente, dois ou três sons se ouvirão ao mesmo tempo. Para obter, porém, com clareza, um único som, a boca deverá ser colocada sobre QUATRO orifícios e a LÍNGUA descansará sobre os três primeiros orifícios, ficando, assim, o QUARTO orifício exposto ao sopro, conforme se vê na ilustração abaixo

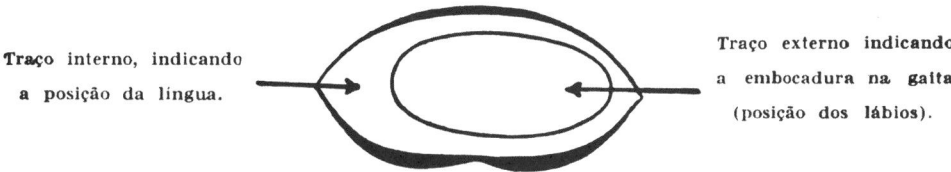

Traço interno, indicando a posição da língua.

Traço externo indicando a embocadura na gaita (posição dos lábios).

e no quadro das escalas à pagina 7. Soprando ou aspirando levemente, o aluno obterá então um só som. A seguir, se a gaita é levada para a esquerda ou para a direita, mas com a língua sempre na mesma posição, uma única nota deverá continuar a ser ouvida com toda a clareza. É essa, com frequência, uma pequena dificuldade inicial que a paciência e a prática do estreante removerá cuidadosamente, a fim de que seja grandemente recompensada.

No princípio exposto, para obter com toda a clareza uma única nota, o principante deverá observar com todo o cuidado a ação da língua. Da correta colocação da língua na gaita é que depende uma execução perfeita. Sem a devida obediência a tal princípio, a aquisição de uma técnica rápida será dificultosa, além de resultar grandemente prejudicada a clareza das notas.

EXECUÇÃO DA ESCALA

Apesar da gaita média, constituida de dez orifícios, atingir o âmbito de três oitavas, em quatro orifícios somente obter-se-á a *escala completa*, como o demonstram os quadros 5 e 6. Em tais quadros ter-se-á a ilustração gráfica da maneira pela qual pode ser executada a escala e a demonstração clara da posição correta da boca e da lingua sobre os orifícios.

A ESCALA

A disposição das notas na gaita pode muito bem ser observada como nas figuras n.ºs 5 e 6 . Soprando o orifício n.º 4, a primeira nota da escala completa soará. Aspirando o mesmo orifício n.º 4 a segunda nota da escala soará. Da mesma maneira, soprando e aspirando o respiradoiro n.º 5, soarão a terceira e a quarta notas da escala. A quinta e a sexta notas da escala soarão ao soprar-se e aspirar-se o respiradoiro n.º 6. Logo, até a sexta nota da escala, será bastante soprar e aspirar os orifícios n.ºs 4, 5, 6. Nessa mesma ordem ir-se-á à sétima nota da escala, *aspirando,* porém, o respiradoiro n.º 7, e *não soprando,* como parecerá a principio. A oitava e a última nota da escala será obtida soprando o orifício n.º 7. Essa irregularidade no respiradoiro n.º 7 poderá constituir uma pequena dificuldade que, com poucos exercícios apenas, o executante vencerá, e logo tornará instintiva.

Na gaita de orifícios duplos a execução obedece ao mesmo princípio, isto é, iniciar-se-á a escala de tom diferente sobre o mesmo orifício que a de *Do,* como demonstra a figura n.º 6.

O aluno deverá praticar a escala cuidadosa e tolerantemente até assenhorear-se da sua perfeita execução, que deverá ser bastante fluente, isto é, bastante corredia. O segredo e o encanto completos do instrumento residem unicamente na prática da escala. Quando o aluno houver vencido a escala, dominará facilmente a gaita. Consequentemente, é uma questão de suma conveniência o familiarizar-se com as notas da gaita, para que o toque se torne facilmente movível de uma nota à outra, sem que o aluno se sinta compelido a procurar a nota antes de executá-la.

UMA OBSERVAÇÃO

Aspirando o respiradoiro n.º 2, *soprando* e *aspirando* o respiradoiro n.º 3, o aluno notará que os sons obtidos não correspondem exatamente aos intervalos da escala maior. Esse suposto descuido de fabricação é intencional, pois que tais notas raramente são usadas, salvo nos acompanhamentos.

LIMPIDEZ DO SOM

Para obter os sons com toda a clareza, perfeição e facilidade, é necessário que todos os sopros circulem perfeitamente nos respira-

ESCALA COMPLETA

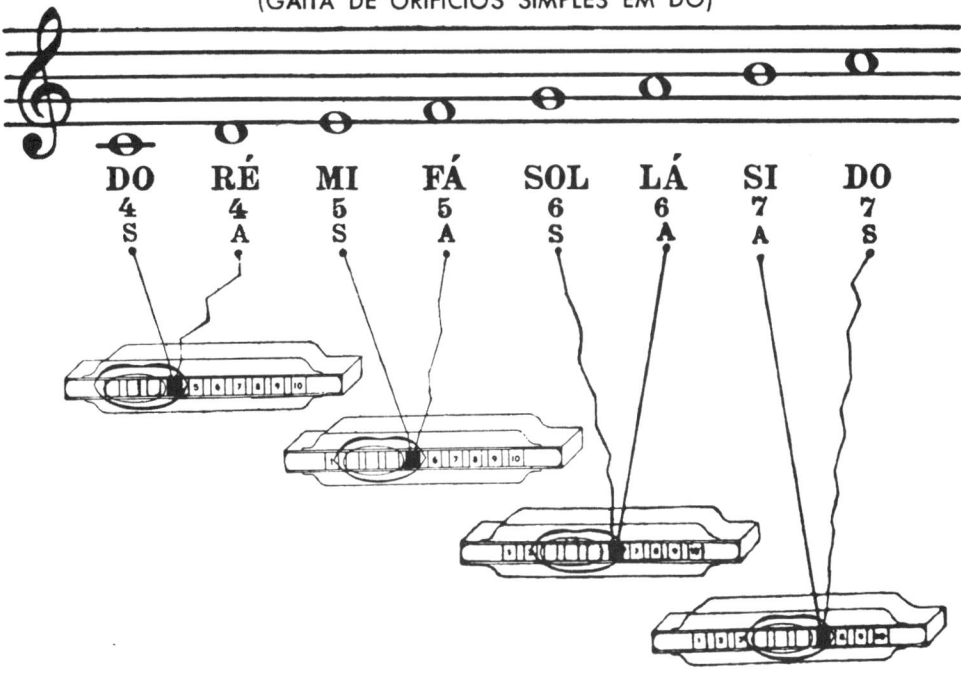

Fig. 5

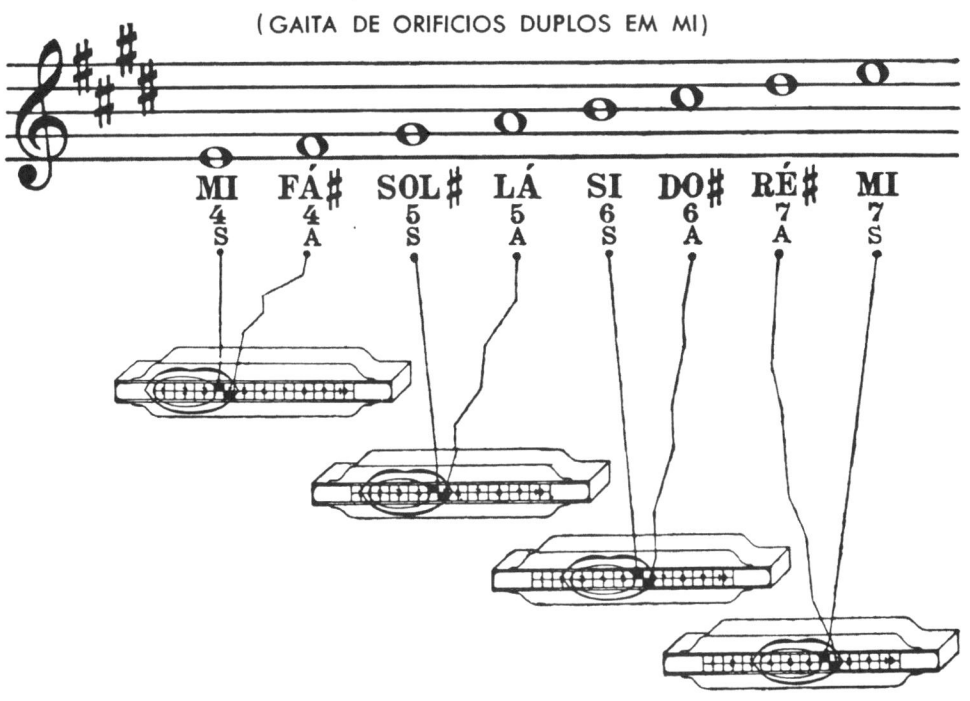

Fig. 6

doiros onde se acham os orifícios e que nenhum movimento escape pela borda da boca.

PARA OBTER O EFEITO DO TRÊMOLO

Um efeito verdadeiramente agradável pode ser obtido por meio do *trêmolo*, e que consiste em manter o instrumento na mão esquerda entre o index e o polegar, fechando ao mesmo tempo a mão direita sobre a esquerda, à cuja palma dar-se-á à forma de concha, conforme a ilustração abaixo, de modo que a mão direita, ao abrir e fechar na posição descrita, aumente a beleza do som da gaita.

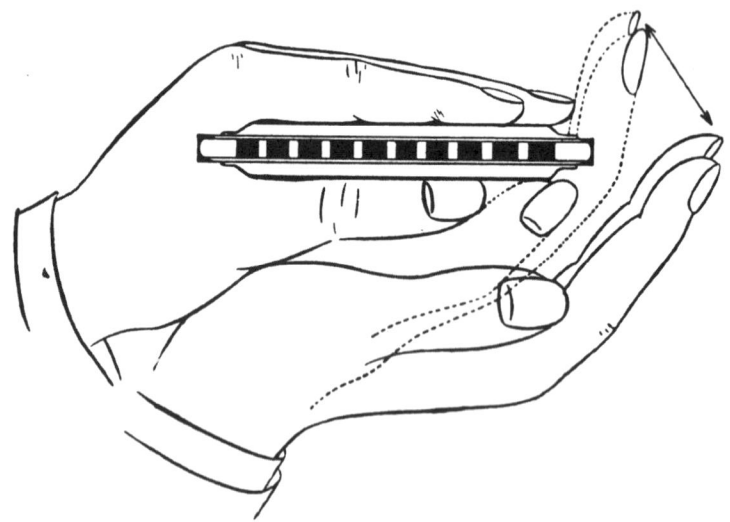

(Fig. 7) — Ilustração para o efeito do trêmolo, mostrando a posição da gaita)

POSIÇÃO DA BOCA

Embora os sons da gaita sejam belos por natureza, poderão ser eles grandemente aumentados, quanto à beleza, pela simples adaptação da boca sobre os orifícios.

Essa adaptação da cavidade bucal, depende, antes de mais nada, das diferentes elevações e depressões da língua sobre os orifícios, jogo esse que somente com a prática poderá ser adquirido.

"Linguada" e outras variações na Gaita

"LINGUADA" OU ACOMPANHAMENTO

Entende-se por "linguada" a ação de cobrir as três notas do acompanhamento para a execução dos solos. Para tanto, é necessario que o aluno adquira bastante destreza na "linguada", a fim de preencher corretamente as possibilidades musicais do instrumento. Por conseguinte, a "linguada" é caracterizada pela colocação da boca sobre quatro notas da gaita, executando porém, uma só nota, pois que a língua cobrirá os três primeiros orifícios e deixará o quarto orifício exposto ao sopro. Imprimindo um movimento de aproximação e afastamento da língua aos três orifícios que ela há de cobrir, obter-se-á um acompanhamento harmoniosissimo quando da execução de qualquer solo (examine-se a fig. n.ºs 5 e 6).

Na marcha, por exemplo, em que se há de contar quatro tempos, a língua deverá erguer-se e recolocar-se no acompanhamento obedecendo a ação e a contagem de quatro "linguadas", resultando dai uma execução correta; numa valsa, há três tempos em cada compasso; numa giga, "one-step" ou "quick-step", há quatro tempos em cada compasso.

Para adquirir a devida destreza da "linguada", requer-se, no início, muita paciência e cuidado. Quando o aluno houver aprendido a "linguar" a gaita, além de constituir isso um aperfeiçoamento, terá aumentado consideravelmente as possibilidades do instrumento.

TONAÇÃO CRISTALINA

Colocando-se um copo comum à direita da gaita, como o demonstra a figura 8, e oscilando-o lentamente, obter-se-á um grave e melodioso som. Tal processo será especialmente adotado às canções de caráter meditativo, devendo-se ter o cuidado de não bater o copo contra a gaita.

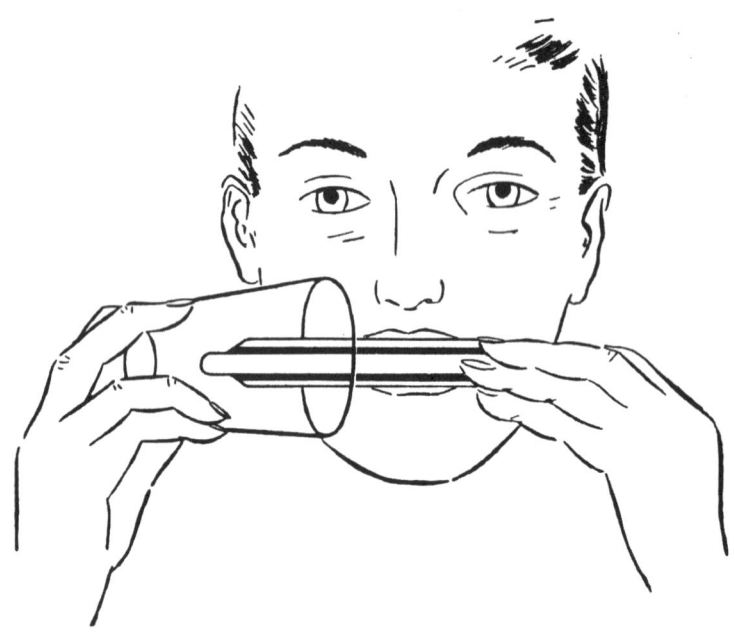

(Fig. 8) — Ilustração da posição da gaita na tonação cristalina

Devido à construção física das palhetas da gaita, somente os sons graves é que vibrarão com amplidão na *tonação cristalina*. As palhetas n.os 4, 5 e 6, quando *soprados* ou *aspirados* os seus orifícios, alcançarão melhor a beleza citada.

EXECUÇÃO DE MELODIAS COM VARIAÇÕES

Repetindo-se qualquer melodia três ou quatro vezes, mas tocando-a com uma variação diferente de cada vez, poder-se-á conseguir efeito que entreterá grandemente não só o executante como o ouvinte e que lhe aumentará as possibilidades expressivas do repertório.

Outro efeito admirável e característico poderá ser produzido ao rebater o sopro e continuando o movimento com a vibração da lingua, porém, mal pondo em contato a língua ou os lábios com o instrumento e começando pianíssimo; a seguir, crescer e diminuir o som até o pianíssimo de novo, recurso esse que poderá ser adotado com grande efeito ao final da música.

CONSELHOS PARA O EXECUTANTE DA GAITA

Oferecendo alguns conselhos aos principiantes da gaita, queremos notar que há diversas dificuldades a serem vencidas e as quais concorrerão para impressionar o ouvinte. Dentre o número de fatores importantes na arte de tocar este interessante instrumento, dever-se-á observar os seguintes:

a) escolha das peças;
b) esmero na reprodução das mesmas;
c) ritmo;
d) interpretação;
e) variações na gaita.

ESCOLHA DE PEÇAS E O ESMERO NA REPRODUÇÃO DAS MESMAS

A confiança e a habilidade do executante deverá ser imposta pela escolha das peças a serem executadas. As melodias destas deverão ser escolhidas dentre as que possam ser fielmente reproduzidas, de maneira que em nenhuma delas se omitam notas ou acidentes (sustenidos e bemóis). Naturalmente, somente após constantes treinos, é que o principiante formará um juízo perfeito sobre tal assunto, colocando-se em condições de descobrir, de pronto, as falhas que porventura ocorram.

RITMO

O ritmo das peças escolhidas deverá ser conservado constantemente desde o princípio ao fim da sua execução. O executante deverá ter em mente que as músicas que se seguem são catalogadas gradualmente e o ritmo das mesmas *deverá ser rigorosamente observado*.

INTERPRETAÇÃO

O bom executante se retrata pela execução correta e pela interpretação apurada de uma melodia qualquer. Numa peça lenta, o executante deverá imprimir um cunho todo meditativo e de onde ressalte o sentimento que deve caracterizá-la; numa peça rápida, a execução será basante alegre e de maneira bastante espirituosa.

A finura do executante pode ser imediatamente averiguada pela habilidade com que ele matiza as melodias — porque é das gradações do pianíssimo ao fortíssimo ou do fortíssimo ao pianíssimo que depende a apreciação agradável de um trecho musical. O executante deve adotar todos os efeitos do vibrato ou trêmolo, esforçando-se cada vez mais para aumentar a beleza do som. A clareza deste também é de grande importância e quando a melodia é de ritmo elástico como nas músicas sentimentais, o executante deverá empregar toda a atenção para embelezar o solo, empregando, ao mesmo tempo, os vários efeitos do trêmolo.

CONSERVAÇÃO DA GAITA

Apesar da gaita não ser um instrumento delicado, deve merecer ela todo o cuidado com a sua conservação. O metal das palhetas é muito sensível à umidade; por conseguinte, após haver sido executado um trecho qualquer na gaita, dever-se-á enxugá-la cuidadosamente. Um resíduo embora de saliva que se haja localizado nas palhetas, deverá ser evaporado por meio de aquecimento nas mãos ou pela aproximação da gaita a um lume.

Para guardar o instrumento, dever-se-á enrolá-lo em seda ou camurça, pois que, conservando-se os orifícios bem secos, eles responderão completa e claramente ao sopro, além de, assim, evitar que qualquer matéria estranha se introduza nos respiradoiros.

GUIA PARA A EXECUÇÃO DAS MÚSICAS ABAIXO

(GAITAS SIMPLES EM *DÓ*)

1 1 2 2 3 3
s Dó
a Ré
s Mi
a Sol
s Lá
a Si
4 4 5 5 6 6 7 7 8 8 9 9 10 10
s Dó
a Ré
s Mi
a Fá
s Sol
a Lá
a Si
s Dó
a Ré
s Mi
a Fá
s Sol
a Lá
s Dó

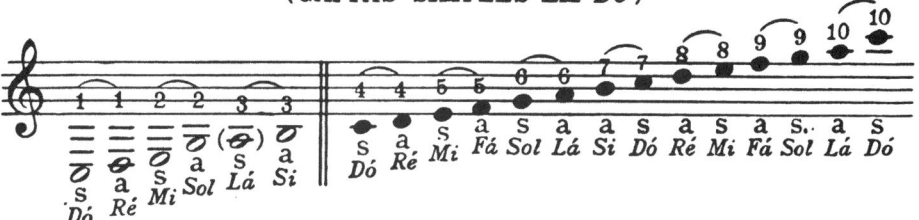

Nota: a = aspirar   s = soprar

CANÇÃO DO LAVRADOR

P. E. AMSCO

3/4 = Tempo de Valsa (Dar três batidas em cada compasso).

♩ = vale 1 batida | 𝅗𝅥 = vale 2 batidas | 𝅗𝅥. = vale 3 batidas

⌒ ligadura (quando se acha sobre duas notas da mesma altura, a segunda nota não se repete).

𝄽 = pausa que vale uma batida.

1.

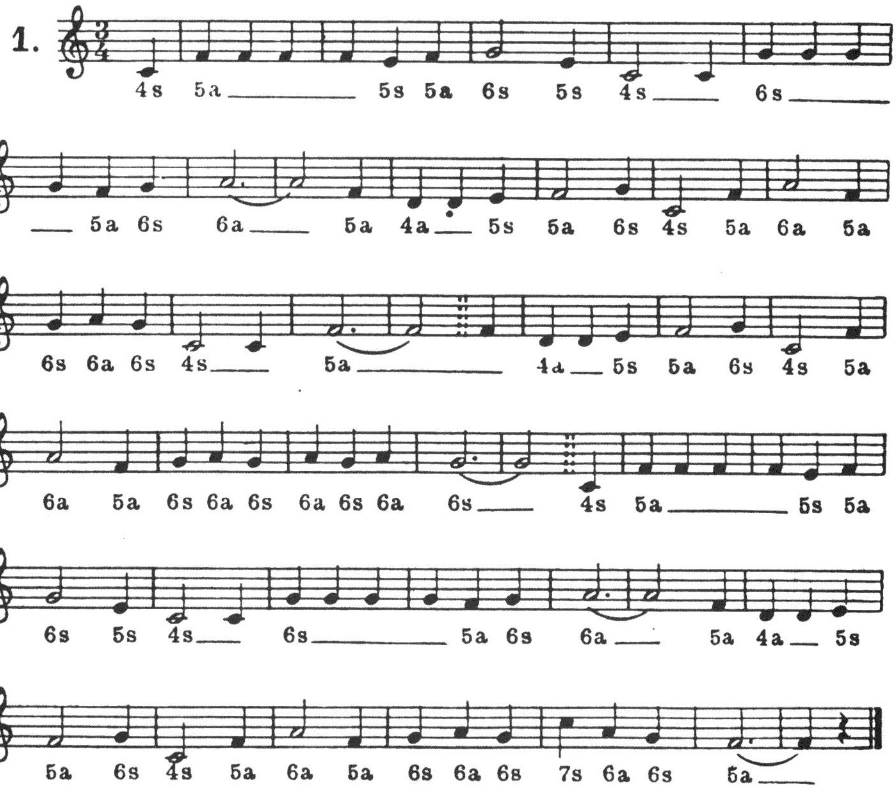

4s 5a ____ 5s 5a 6s 5s 4s ____ 6s ____
____ 5a 6s 6a ____ 5a 4a ____ 5s 5a 6s 4s 5a 6a 5a
6s 6a 6s 4s ____ 5a ____ 4a ____ 5s 5a 6s 4s 5a
6a 5a 6s 6a 6s 6a 6s 6a 6s ____ 4s 5a ____ 5s 5a
6s 5s 4s ____ 6s ____ 5a 6s 6a ____ 5a 4a ____ 5s
5a 6s 4s 5a 6a 5a 6s 6a 6s 7s 6a 6s 5a ____

SAUDOSO ADEUS
(Trecho)
Valsa sentimental

ZEQUINHA ABREU
Adapt. de P. E. Amsco

𝟾 = pausa que vale meia batida.
⌢ = fermata (a execução se interrompe por tempo que se quiser).
♪ = vale meia batida.

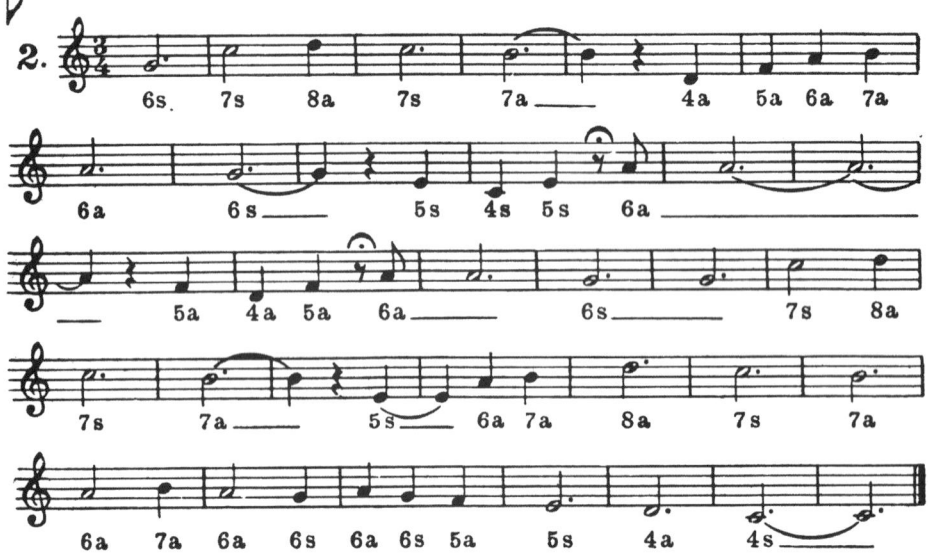

ULTIMO BEIJO
(Trio)
Valsa sentimental

ZEQUINHA ABREU
Adapt. de P. E. Amsco

UMA NOITE DE AMOR
(Trecho)
Fox-trot

ZEQUINHA ABREU
Adapt. de P. E. Amsco

♫ é igual a ♪♪ e vale uma batida.
▬ = pausa de duas batidas.
C = compasso de fox-trot (dar quatro batidas em cada compasso)
⌢ = o arco sobre notas diferentes indica execução bastante unida.

ALVORADA DE GLORIA

(Trecho)
Marcha Patriotica

ZEQUINHA ABREU
Adapt. de P. E. Amsco

$\frac{6}{8}$ = seis batidas em cada compasso.

♩. = seis batidas rápidas | ♪. = três batidas rápidas | ♩ = duas batidas rápidas | ♪ = uma batida rápida | 𝄾 = uma batida rápida.

NOTA: – Na fórmula de compasso seis por oito, que é um compasso binário (de dois tempos) composto, dão-se, geralmente, duas batidas lentas para cada compasso, distribuídas uma para cada grupo de três notas (♫♪) ou para cada nota pontuada (♩.), ou, ainda, para (♩ ♪), sendo a primeira nota mais demorada.

PINHEIRINHO AGRESTE

ERNST ANSCHÜTZ
Adapt. de P. E. Amsco

♩. ♫ = vale uma batida — a primeira nota deve ser mais demorada que a segunda. Esta, portanto, será mais precipitada, como se nota perfeitamente no ritmo das onomatopéias *Tupân, Brasil*, e outros:

Tu-pân, Tu-pân!   *Bra-sil, Bra-sil!*

NOTA: Um ponto ao lado de uma nota aumenta-lhe mais **metade do seu valor**. Um ponto ao lado do primeiro aumenta-lhe mais metade do seu valor, ou seja, aumenta a nota mais um quarto de batida, em se tratando de nota à qual se deva dar uma batida; em se tratando de nota à qual se deva dar duas batidas aumentar-lhe-á mais meia batida e, assim, proporcionalmente, as notas de maior ou menor valor das que as citadas. Para as pausas pontuadas a operação é a mesma.

GUIA PARA A EXECUÇÃO DAS MÚSICAS ABAIXO
(GAITAS DUPLAS EM MI - *SERENATA* e *SONHADORA*)

NOTA: a = aspirar   s = soprar

DEUS PROTEJA O REI

Canto nacional inglês

HENRIQUE CAREY
Adapt. de P. E. Amsco

MELODIA ANTIGA

$\frac{4}{4}$ = dar quatro batidas em cada compasso.

♩. = uma batida e meia.

Popular Saxonica
Adapt. de P. E. Amsco

DOCE SONHO

(Trecho)
Valsa lenta

ZEQUINHA ABREU
Adapt. de P. E. Amsco

CONCHINHA DE PRATA

(Trecho)
Ranchera

ZEQUINHA ABREU
Adapt. de P. E. Amsco

Obs.- Nos grupos ♩♫, observe-se as mesmas recomendações de *Pinheirinho Agreste.*

NOITE DE PAZ! NOITE DE LUZ!

FRANZ GRUBER
Adapt. de P. E. Amsco

(*Obs.-* As mesmas da *Alvorada de Gloria* e da *Conchinha de Prata.*)

♪ = um quarto de batida.

Impressão e Acabamento: Cometa Grafica e Editora